»I´m in a Cowboy Band«

Bob Dylan, die Country-Musik und das Vermächtnis des Americana

»I´m in a Cowboy Band«

Bob Dylan, die Country-Musik und das Vermächtnis des Americana

Ein popkulturelles Essay von
Thomas Waldherr

EDITION OCTOPUS

Thomas Waldherr, »›I´m in a Cowboy Band‹ Bob Dylan, die
Country-Musik und das Vermächtnis des Americana«
© 2011 der vorliegenden Ausgabe: Edition Octopus im Verlagshaus
Monsenstein und Vannerdat OHG Münster. www.edition-octopus.de
© 2011 Thomas Waldherr
Alle Rechte vorbehalten
Satz: Markus Behnisch
Umschlaggestaltung: MV-Verlag
Umschlagfoto: Getty Images
Illustrationen: Wigbert Goldschmidt
Druck und Einband: MV-Verlag

ISBN 978-3-86991-336-0

Inhaltsverzeichnis

Vorwort 7
Einleitung 11

Teil 1: Zur popkulturellen Bedeutung Bob Dylans

1.1 Die traditionelle Dylan-Rezeption 15
1.2 Die neuere Wahrnehmung des
    Künstlers Bob Dylan 16
1.3 Zur Bedeutung Bob Dylans heute 19

Teil 2: Bob Dylan und die Country-Musik

2.1 Was ist eigentlich Country -
    und was hat Bob Dylan damit zu tun? 23
2.2 Von der Iron Range nach New York:
    Bob Dylan orientiert sich an
    Hank Williams, Buddy Holly und
    Woody Guthrie 26
2.3 Kindred spirits: Bob Dylan und Johnny Cash 30
2.4 Welcome to Nashville: Bob Dylan,
    Bob Johnston und Earl Scruggs 34
2.5 Back to roots music: die Basement
    Sessions mit The Band 35
2.6 Going down the country: John Wesley
    Harding und Nashville Skyline 36
2.7 Dear Landlord:
    Familienvater und Westernheld 37

2.8 Bob Dylans world of western:
Jack Of Hearts/ Romance In Durango/
Brownsville Girl 39
2.9 »A Satisfied Mind«: Country-Gospels
und Bluegrass in Dylans Werk 40
2.10 My friends are outlaws: Willie Nelson
und Merle Haggard 43
2.11 Father of Country Music: Jimmie Rodgers 45
2.12 Dylans großes Country-Rätsel:
das Hank-Williams-Projekt 47
2.13 Einschub: Bob Dylan sings Country:
eine »Wunsch-CD« 48

Teil 3: Bob Dylan und das Vermächtnis des Americana

3.1   Was ist eigentlich Americana? 51
3.2   Bob Dylan als »Vater des Americana« 52
3.3   Das Vermächtnis des Americana 55
3.3.1 Gesellschaftliche und politische Verortungen
      von Country und Americana 55
3.3.2 Die Traditionslinie des Americana 58
3.3.3 Americana - und wie weiter? 62

Anhang

Literaturliste 65
Musikliste 67

Vorwort

Seit fast 35 Jahren beschäftige ich mich dem Werk und der Person Bob Dylans. Anfangs war er ein »Role Model« für mich. Von der Welt und den Eltern unverstanden, erfuhr ich durch seine Musik wichtige Wahrheiten und die richtige Haltung.

Später eignete ich mir seine Songs für meine Zwecke an, las aus ihnen Botschaften heraus, die auch für mich galten. So blieb ich ihm auch in den größten Krisen treu: In seinen Jesusjahren Ende der 70er/Anfang der 80er und in seinen dunklen, traurigen Jahren Ende der 80er/Anfang der 90er. Ich interpretierte seine Liebeslieder an Gott völlig säkularisiert, fand auch auf seinen schlechtesten Platten noch hübsche Songs und ließ mich selbst von dem unterirdischen Konzertereignis 1987 in der Frankfurter Festhalle nicht abschrecken.

Ich ging vier Jahre später in Offenbach wieder zu einem seiner Konzerte und auf einmal wurde meine Begeisterung für Dylan wieder neu befeuert. Ich folgte ihm in den 90er-Jahren zu vielen Konzerten und erlebte quasi seine Wiederauferstehung über mehrere Jahre live mit bis hin zu dem Punkt, an dem Dylan mit Nummer-Eins-Alben und dem Rummel um seinen 65. Geburtstag plötzlich Everybody's Darling war. Zuletzt mäkelten die Medien wieder etwas – *Die Stimme! Die Band! Und kein Wort! Und kein Foto!* – doch ich werde ihm auch weiterhin treu bleiben.

Erst spät, ich musste über dreißig Jahre alt werden, traute ich mich, über Bob Dylan zu schreiben. Zuerst regelmäßig von 1996 – 2003, für die »Good Times«, dazu 2001 punktuell zu seinem 60. Geburtstag für zwei andere Zeitschriften. Seit 2009 publiziere ich im Internet auf www.country.de, schreibe für die Country-Fachzeitschrift »No Fences« und habe einen eigenen Bob Dylan und Americana-Blog mit dem Titel »I'm In A Cowboy Band«.

Unterdessen hatten ein Film und dessen Soundtrack meiner Einschätzung von Bob Dylans Bedeutung eine neue Richtung gegeben und führten zu einem tieferen Verständnis seiner musikalischen Wurzeln und seiner Relevanz für die amerikanische Musik: Im Jahr 2000 begann mit dem fantastischen Coen-Brüder-Film »Oh Brother, Where Art Thou« und seinem kongenialen Soundtrack von T-Bone Burnett das Revival der Bluegrass und Old Time Music, was wiederum das Americana-Genre beflügelte. Schnell verstand ich, dass mein Hero Bob Dylan nicht nur seine Wurzeln in dieser Musik hat, sondern dass er selbst Grundlegendes für dieses Genre geleistet hat - und immer wieder aufs Neue tut.

So entstand mein Plan, anlässlich des 70. Geburtstages von Bob Dylan ein Buch herauszubringen, das Bob Dylans Beziehung zu Country und Americana nachgeht: ein in deutscher Sprache so noch nie da gewesenes Projekt. Nun ist dieser Plan aufgegangen. Ein wichtiger Abschnitt und auch Antrieb meiner Beschäftigung mit Dylan ist damit dokumentiert. Ich hoffe, dass dieses Buch viele Leser findet, die sich von mir mit auf die Reise in einen musikalischen Kontinent nehmen lassen.

Der Titel des Buches, der auch Titel meines Blogs ist, stammt aus dem Bob-Dylan-Song »Nettie Moore« vom 2006er Album »Modern Times«: »I'm the oldest son of a crazy man, I' m in a cowboy band ...« Ein kleines Beispiel dafür, wie souverän Dylan Symbole der amerikanischen Populärmusik in seine Songs einarbeitet.

Dieses Buch ist ein popkulturelles Essay, keine musikwissenschaftliche Arbeit. Mir sind interessante Fragestellungen, produktive Schlüsse und die subjektive Betrachtung wichtiger als Faktenfülle, Datenoverkill, Detailreichtum und überbordende Fußnotenapparate. Ich habe daher meine Quellen dort, wo nötig, im Text gekennzeichnet und ansonsten im Anhang die Literatur aufgeführt, die dieses Buch inspiriert hat.

Ich danke an dieser Stelle all denen, die für die Entstehung dieses Buches wichtig waren: meiner Frau Andrea, die sich von mir für Dylan begeistern ließ. Dirk Neuhaus von country.de und Harry Harland vom Country-Magazin »No Fences« – hier wurden erstmals Vorarbeiten und Auszüge dieses Buches veröffentlicht. Des Weiteren danke ich Frauke und Stefan für eine wichtige Diskussion, den DoubleDylans, deren Buch mir Ansporn war, Wigbert Goldschmidt für seine fantastischen Dylan-Zeichnungen sowie natürlich dem Lektorat und der freundlichen Beratung vom Verlagshaus Monsenstein und Vannerdat.

Einleitung

Bob Dylan ist hierzulande viel zu lang als reiner Protestsänger oder linke Galionsfigur gehandelt worden. Spät erst hat man ihn als den Songpoeten wahrgenommen, der Folk und Rock zusammenbrachte – um sich dann wieder empört abzuwenden, als er Gospel-Rock spielte. Nachdem er sich selbst wieder säkularisiert hatte, akzeptierte man dies und eine treue Fangemeinde folgte ihm auf seinen Konzerten, während viele Schlaumeier ihn als Figur von gestern abtaten. Seit seinem rauschenden Comeback Ende der 90er und einem in seiner Produktivität einzigartigen Jahrzehnt von 2000 bis 2009 (2001 das Album »Love And Theft«, 2003 der Film »Masked & Anonymous«, 2004 das Buch »Chronicles«, 2006 das Album »Modern Times«, 2006 bis 2009 die Radiosendung »Theme Time Radio Hour«, 2009 die Alben »Together Through Life« und »Christmas In The Heart«) findet ihn nun plötzlich jeder gut: Er wird als »Elder Statesman« wahrgenommen, und seine wichtige Rolle als Archäologe der amerikanischen Populärmusik ist mittlerweile in den Feuilletons Common Sense. Auch wenn zuletzt wieder Kritik an seiner Stimme und seinen Konzerten aufgekommen ist (siehe Vorwort).

Bob Dylan ist also als Folk-Rocker und Songpoet im Bewusstsein der Musikwelt, er wird sogar oftmals als einer der besten weißen Bluessänger bezeichnet. Die Beziehung von Bob Dylan zum Country hingegen wird viel zu oft auf das Jahr 1969 reduziert, als er mit Johnny Cash in dessen TV-Show auftrat und die LP »Nashville Skyline« herausbrachte - für viele eine Marginalie in Dylans Werk.

Ausgehend von der Beschäftigung mit der popkulturellen Bedeutung Bob Dylans, möchte ich mit diesem Buch zweierlei leisten: Ich gehe zum einen chronologisch auf Dylans frühe, vielfältige, stetige und komplexe Verbindung zur Country-Musik als eines der wichtigsten Genres der populären amerikanischen Musik ein. Im weiteren Verlauf stelle ich dann dar, dass diese Verbindung einer der Gründe dafür war, dass man Dylan heutzutage als einen der »Väter des Americana« bezeichnen kann, und versuche die Bedeutung des »Americana«, also der populären Musik, die auf den folkloristischen Traditionen der ländlichen Amerikaner, der kleinen Farmer, der schwarzen und weißen Pflanzer und Tagelöhner, der Arbeiter – wenn man noch weiter zurückgeht, auch der der Seeleute und der Sklaven – fußt, für die amerikanische Kultur und Gesellschaft herauszuarbeiten.

Im nun folgenden ersten Teil möchte ich der Veränderung der Rezeption Bob Dylans in den vergangenen Jahren nachgehen. Seine popkulturelle Bedeutung ist der Ausgangspunkt für die Untersuchung der Wechselwirkungen zwischen Bob Dylan, Country und Americana.

Bob Dylan 1978

Teil 1: Zur popkulturellen Bedeutung Bob Dylans

1.1 Die traditionelle Dylan-Rezeption

Dylan wurde in seinem ersten Karrierejahrzehnt vor allem als Figur der Gegenkultur wahrgenommen: als Protestsänger, als Folkrocker, als Songpoet. Oftmals wurde er auf den Begriff »Klampfenheld« und sein Werk auf das Jugendepos »Blowin' In The Wind« reduziert. Bis heute wirkt dies in der öffentlichen Wahrnehmung in Deutschland nach. So wurde Dylan hierzulande noch 1978 bei Konzerten vom Publikum dafür abgestraft, seine Songs mit einer großen Rockband und nicht allein mit der Gitarre aufzuführen.

In Ungnade fiel Dylan bei vielen dann erst recht mit seiner christlichen Albentrilogie »Slow Train Coming«, »Saved« und »Shot Of Love« Anfang der 80er-Jahre. Bis heute ist es erstaunlich, wie man so schöne Musik und so viel Liebe und Hingabe in den Songs – sei es für Gott, sei es für eine Frau – mit so viel überflüssigem religiösem Pathos und fragwürdigen politischen Aussagen zusammenbringen kann. In diesem Sinne sind die Alben schon fast wieder »Masterpieces« von Dylan. Die Gehässigkeit der Dylan-Kritiker, die aber zugleich ein fundiertes Nichtwissen über die amerikanische Poulärmusik verrät, gipfelte 1981 in der dämlichen Aussage eines Schreibers der Frankfurter Rundschau: »Wir brauchen hier keine gospelsingende Mickymaus«. Die Enttäuschung über die Ablehnung jedweden tagespolitischen Kommentars Dylans während der Zeit der Friedensbewegung verstörte die tendenziell Dylanfreundlichen, schließlich war Joan Baez diesbezüglich ja weniger zurückhaltend.

Nach seiner Abkehr vom christlichen Messianismus – nicht vom individuellen Glauben, wohlgemerkt – wurde Dylan in der Folgezeit noch ein paar Jahre lang als alternder Rockstar wahrgenommen, eher er irgendwann in den 90ern weitgehend aus dem Fokus der Öffentlichkeit verschwand. Er war zur Galionsfigur einer treuen, bestens informierten Fangemeinde geworden, die durch das aufkommende Internet nun zeitgleich global kommunizieren konnte und ihrem Idol rund um die Welt zu seinen Inkarnationen bei Livekonzerten folgte. Seine Geschäftigkeit als Livekünstler stand jedoch diametral seiner abnehmenden Bedeutung als popkulturelle Figur gegenüber.

Dies änderte sich Ende der 90er-Jahre: Sein Beinahetod 1997 erinnerte viele daran, dass er noch lebte und seine Platte »Time Out Of Mind« wurde als starkes Comeback gefeiert. Thematisch ging es auf diesem Album vordergründig um den Tod und das Altern, die Art der Texte und die Musik wiesen aber schon darauf hin, wie Dylan in den kommenden Jahren popkulturell in Erscheinung treten sollte.

1.2 Die neuere Wahrnehmung des Künstlers Bob Dylan

Im Folgenden skizziere ich die Ansätze der Rezeption Dylans in jüngerer Zeit, die für mich die größte Relevanz besitzen, weil sie, wie ich meine. am treffendsten Dylans Intentionen, künstlerische Leistung und popkulturelle Bedeutung einschätzen.
Greil Marcus legte mit seinem Werk »Invisible Republic« über die Basement Tapes 1997 eines der wichtigsten Werke

zum Verständnis von Bob Dylans künstlerischem Lebenswerk vor. Seine Darstellung, wie Dylan und The Band sich während ihrer Sessions von Frühjahr bis Herbst 1967 auf die Reise »ins alte, unheimliche Amerika« begaben, zeigt deutlich auf, aus welchem Fundus Dylan schöpft, und korrespondiert mit Dylans eigener Selbstvergewisserung mit den beiden Alben »Good As I Been To You« und »World Gone Wrong« aus den Jahren 1992 und 1993. Dylans Bedeutung für das, was man heutzutage im Allgemeinen als »Americana« bezeichnet, wird hier erstmals in seiner ganzen Tiefe gewürdigt. Zudem gab Marcus damit die Richtung für die Auseinandersetzung mit Dylans Spätwerk der folgenden Jahre vor.

Den Künstler Bob Dylan als Kunstfigur, Chamäleon und raffinierten Literaten hat Heinrich Detering 2007 in seiner Dylan-Monografie in eindrucksvollster Weise für den deutschsprachigen Raum dargestellt. Ein Meilenstein für die Einschätzung Bob Dylans hierzulande war ebenfalls der große Dylan-Kongress im Jahr 2006 in Frankfurt am Main. Die Initiatoren, der Hessische Rundfunk, das Frankfurter Institut für Sozialforschung sowie die Freiburger Gesellschaft für Musik und Ästhetik, haben Bahnbrechendes geleistet, indem sie Dylans Werk »die subversive Transformation der Rockmusik in eine besondere Form der autonomen Kunst« bescheinigen (siehe Kongressankündigungstext auf der Homepage des Instituts für Sozialforschung, www.ifs.uni-frankfurt.de). Populäre Musik also, die sowohl marktgängig und kommerziell verwertbar als auch künstlerische autonome Kunst eines Freigeistes ist.

Detering wiederum hat in seinem Essay über Bob Dylans Radiosendung, »Des alten Knaben Wunderhorn« (Merkur 701/2007), hervorragend herausgearbeitet, wie sich Dylan als

Musikarchäologe und –historiker im Reich des Americana betätigt: »Die jedes Mal wieder verblüffende Vielfalt von Dylans Anthologien entspringt darum nicht nur der rastlosen Neugier eines musikalischen Scouts (auch wenn dieser Antrieb hier ebenso vital ist wie in seinem amerikanischen Songwerk). Sondern sie folgt auch dem Streben nach Repräsentanz einer Nation, die hier ganz und gar als Kulturnation erscheint, als Popular-Kultur-Nation, ›from the redwood forests to the gulf stream waters‹.«

Dylans Verständnis dieser »Popular-Kultur-Nation« entspringt wiederum seiner Kindheit in den 40er- und 50er-Jahren des vorigen Jahrhunderts sowie seinem Eintauchen ins »Folk Revival« der frühen 60er-Jahre. Dies hat der Historiker Sean Wilentz mit seiner Arbeit »Bob Dylan In America« im vergangenen Jahr sehr eindrucksvoll nachgewiesen. Bobby Zimmermans Amerika ist das Amerika des New Deal, als die US-amerikanische Linke einen vorher wie nachher nie da gewesenen Einfluss auf Kultur und Meinung des Landes hatte und Beiträge dazu lieferte, die heute in den USA Common Sense sind, was sogar soweit geht, dass sowohl Ronald Reagan als auch Sarah Palin mit Aaron Coplands »Hoedown From Rodeo« ihre Versammlungen eröffnen ließen. Und das obwohl Copland in den 40er-Jahren den Kommunisten nahestand und – würde er heute leben – von der Tea Party sicherlich als liberaler Intellektueller heftig bekämpft und verteufelt würde. Auch Dylan – und er meinte es gewiss nicht ironisch – hat längere Zeit Coplands Musik für seine Ankündigung bei Livekonzerten genutzt.

In seinen Alben »Love And Theft« (2001) und »Modern Times« (2006) hat der Songwriter und Scout Bob Dylan das Territorium »Americana« sehr intensiv erforscht und ausgesprochen produktiv genutzt. Seine Texte und seine Musik sind Collagen aus dieser großen Welt. Bob Dylan hat sich damit wieder einmal als Künstler neu erfunden.

1.3 Zur Bedeutung Bob Dylans heute

Bob Dylan ist heute ein berühmter Populärmusiker und Musikarchäologe zugleich. Wie die amerikanischen Folksänger früherer Zeit nutzt er als Songwriter bereits existierende musikalische Fragmente, drückt ihnen seinen Stempel auf, indem er Textzeilen wieder verwendet, Melodien neu betextet und sich ganze Songs durch wenige Kniffe zu eigen macht: Hier ein neues Bild, dort eine neue Ausgangslage oder ein neuer Schluss, und schon ist ein neuer Dylan-Song entstanden. Auf diese Weise rettet er Musik vor dem Vergessen, nutzt sie für neue künstlerische Statements und vergrößert gleichzeitig seinen eigenen Songkatalog - so wie es vor ihm schon A. P. Carter oder Woody Guthrie getan haben.

Und Dylan bleibt nicht bei der Folktradition stehen. Seine Weihnachtsplatte »Christmas In The Heart« ist auch als Hommage an das Great American Songbook zu verstehen, an die Musik von Bing Crosby oder Frank Sinatra.

Auch mit seinem letzten Album, »Together Through Life« von 2009, das textlich und musikalisch bei Weitem nicht so komplex wie seine Vorgänger ausfiel, setzt er seinen Trail als Scout fort. Dylan begibt sich ins amerikanisch-mexikanische Grenzland und forscht dort nach alten Zeiten und alter Musik. Heraus kommt eine süffige Mischung aus Texmex und Chicago-Blues.

Bei seinen Liveauftritten bleibt er sich stets selbst treu: Seine Songs werden immer wieder neu arrangiert, ein Song darf nicht verstauben, er muss lebendig bleiben und wird deshalb auseinandergenommen und neu zusammengesetzt. Dies erzeugt immer wieder geniale Momente, wie Dylans 2009er Version von »Blowin' In The Wind« beweist, die musikalisch vollständig vom Lagerfeuer-Schrammel-Ballast befreit ist und stattdessen mit einem süffigen, eingängigen Geigenriff fast schon swingend daherkommt. Diese Augenblicke machen die Magie von Dylans Liveauftritten aus, er ist zum Bühnenzauberer geworden, der uns von einem Moment zum anderen mit einer überirdisch schönen Version von »Nettie Moore« paralysiert und nachfolgend mit einem krachigen Haudraufarrangement bei »Highway 61« wieder unsanft ins Hier und Jetzt befördert.

Dylan ist zum Zeitpunkt der Vollendung seines 70. Lebensjahres längst zu einer Musiklegende geworden, deren Bedeutung heute von niemandem mehr geleugnet wird. Sowohl dem kommerziellen Erfolg – »Modern Times« und »Together Trough Life« hielten sich auf höchsten Chartplätzen – als auch der Qualität seines künstlerischen Outputs ist nichts mehr entgegenzusetzen.

Die allgemeine Zustimmung, welche die ehemalige »linke Leitfigur« Dylan bis hinein in die konservativen Feuilletons erfuhr, war fast schon befremdend. So verspürte man schon einen Hauch von Genugtuung, als Dylan sich nach seinen Konzerten Ende letzten Jahres plötzlich wieder im Kreuzfeuer einiger Kritiker fand. Der Grund hierfür waren seine angeblich immer schlimmer werdende Stimme und seine mangelhaften Gesangsleistungen. Da kann man nur sagen: Déja vu! Von wegen »Things have changed …«

Hank Williams

Teil 2: Bob Dylan und die Country-Musik

2.1 Was ist eigentlich Country - und was hat Bob Dylan damit zu tun?

Wenn von Bob Dylans Verhältnis zur Country-Musik die Rede ist, so ist die vorherrschende Rezeption beschränkt auf die Zeit, als Dylans Sympathie für das Genre manifest wurde, - sprich: die Trilogie »Basement Tapes«, »John Wesley Harding« und vor allem natürlich »Nashville Skyline«. Da vielerorts Country immer noch auf den Nashville-Mainstream oder die deutsche Truckerromantik à la Truck Stop oder Tom Astor reduziert wird, ist Dylans Verbindung zur Country-Musik für viele ein eher randständiges Thema. Mir ging es lange Zeit ebenso, bis ich begriff, welch wichtige Rolle die Country-Musik für die Entwicklung des Künstlers Bob Dylan spielte und heute noch spielt.

An dieser Stelle ist es daher erst einmal wichtig, eine Definition von Country-Musik festzulegen. Country ist zuallererst ein von der Musikindustrie geschaffener Name. Unter Country & Western wurde ab den 30er-Jahren alle Musik zusammengefasst, die ihre Ursprünge in der Volks- und Oldtime-Musik des weißen ländlichen Südens sowie in den Cowboysongs des Westens und Südwestens hatte. Hierbei ist allerdings festzuhalten, dass Country-Musik eine Weiterentwicklung dieser Musiktradition ist, da sie von schwarzer Musik, namentlich dem Blues, beeinflusst wurde. Country-Pioniere wie Jimmie Rogers, A. P. Carter, Bill Monroe, Bob Wills oder später auch Hank Williams hatten dem Umgang und dem Musizieren mit den damals im Süden immer noch gesellschaftlich nicht anerkannten Schwarzen sehr viel zu verdanken. Andererseits hatten alle schwarzen Bluesmusiker immer auch weiße Musik gespielt, ob Country-Songs oder Tin-Pan-Alley-Schlager. Doch das Business separierte: Hier der schwarze Blues, dort die weiße Country-Musik. Für die Musiker selbst spielte diese Trennung außerhalb des Plattengeschäfts keine Rolle.

Berücksichtigt man diese Wechselwirkungen, so wird auch deutlich, warum die Bezeichnung »Country ist der Blues des weißen Mannes« ihre Richtigkeit hat. Classic Country – also die Musik vor dem weichgespülten Nashville-Sound, der ab den Endfünfzigerjahren des vorigen Jahrhunderts die Country-Musik beherrschte - handelte stets auch von harter Arbeit und Armut, Niederlagen und Rückschlägen, Ehebruch, Gewalt und Mord - genauso wie der schwarze Blues. Die Schwarzen waren zwar von den armen Weißen des Südens gesellschaftlich separiert, die Musiker wussten aber oftmals sehr genau um das verbindende Element ihrer Lebensumstände: das alte, dunkle, wilde, gefährliche Amerika. Auch Bob Dylan wusste und weiß dies, und gerade seine Radiosendung – in der Blues neben Country und Jazz gespielt wurde – zeigte dieses umfassende Verständnis auf.

Heutzutage ist Country ein weites Feld. Natürlich ist der Mainstream bestimmend. Künstler wie Garth Brooks, Martina McBride, Brad Paisley, Blake Shelton oder Taylor Swift sind bei aller künstlerischen Eigenständigkeit und nicht zu leugnendem Können natürlich immer auch Surrogate des musikalischen Zeitgeistes, so wie er in den Musikfirmenzentren in Nashville gesehen wird. Da ist kein Platz mehr für die dunklen oder irrwitzigen Seiten des Lebens, im Gegenteil, es wird ein bigotter Konservatismus gepflegt, der nur selten überwunden wird. Macht dann einmal jemand etwas von dieser Warte aus Unbotmäßiges – so wie die Dixie Chicks, als sie sich von George W. Bush distanzierten – werden solche Musiker dann auch schnell wieder fallen gelassen, oder wie bei Marty Stuarts Hinwendung zum Schicksal der »native americans«, einfach ignoriert. Dabei weiß Stuart, wie das Geschäft läuft, und ist zudem von echter Zuneigung für den Country-Musikzirkus beseelt.

Doch es gibt auch einiges abseits der sicheren Pfade des Country-Mainstreams. Zum einen gibt es eine nicht unerhebliche Nachfrage nach rootsorientierter, auf Singer-Songwriter-Tugenden basierender Country-Musik. Diesem Musikstil wurde irgendwann einmal das Label *Alternative Country* angeheftet und mit der Gründung von Labels wie Lost Highway Rechnung getragen. Und es gibt die entsprechenden Künstler, die aus kleinen Clubs kommen und denen Altmeister wie Willie Nelson, Merle Haggard oder Kris Kristofferson näherstehen als das heutige Country-Mainstream-Personal. Sie heißen Hayes Carll, Ryan Bingham oder Justin Townes Earle und sorgen immer wieder für eine Weiterentwicklung des Genres.

Daneben kann seit gut zehn Jahren eine Bewegung »zurück zu den Wurzeln« beobachtet werden. Ausgehend vom Soundtrack zu »Oh Brother Where Art Thou?« – genial zusammengestellt von T-Bone Burnett –, wurde insbesondere der Bluegrass als frühe Form der Country-Musik wiederentdeckt. Zusammen mit einer stärkeren Besinnung auf die gemeinsamen Wurzeln amerikanischer ruraler Populärmusik hat sich der Genrebegriff »Americana« etabliert, in dem Blues, Folk, Country, Gospel und Rock aufgehen.

T-Bone Burnett hatte die Zeichen der Zeit erkannt, und er kannte natürlich auch das damalige Schaffen von Bob Dylan in den 90er-Jahren. Dieser hatte zu der Zeit seine eigene musikalische Krise durch die Wiederaneignung der Traditionen erfolgreich bekämpft, spielte auf zwei Alben Blues-, Folk- und Country-Standards und begann seine Konzerte regelmäßig mit mehreren Bluegrass-Songs.

Wenn man das Phänomen Country auf diese Weise betrachtet und dann zusammenbringt mit den musikalischen Wurzeln und der künstlerischen Entwicklung Bob Dylans, dann ist man im Zentrum des Themas angelangt: Es geht darum, Bob Dylan, der stets eindimensional als Folksänger oder Folkrocker wahrgenommen wird, als Künstler zu entdecken, der nicht zuletzt aus dem großen Fundus der amerikanischen Country-Tradition schöpft, die ihn von Anfang an, vom Jugendzimmer in Hibbing, Minnesota, bis heute auf den Konzertbühnen der Welt begleitet.

2.2 Von der Iron Range nach New York: Bob Dylan orientiert sich an Hank Williams, Buddy Holly und Woody Guthrie

Der junge Bobby Zimmerman aus der jüdischen Mittelstandsfamilie aus der Iron Range, dem trostlosen Bergwerkslandstrich im Norden Minnesotas, muss die bleierne Eisenhower-Ära der 50er-Jahre als noch viel bleierner empfunden haben. Außer dem örtlichen Kino gab es dort nicht viel Abwechslung. Wie spannend muss da die Welt aus dem Äther gewesen sein, und da war die Country-Musik aus dem ländlichen Süden der USA, präsentiert in der »Grand Ole Opry«-Radioshow aus Nashville oder dem Louisiana-Hayride aus Shreveport, sicher schon eine Art Aha-Erlebnis.

Und Hank Williams muss sowohl als Sänger und Songwriter als auch als »Role-Model« eine Art Offenbarung für den kleinen Bobby gewesen sein. »Ich wollte immer schon Gitarrist und Sänger sein. Seit ich zehn, elf oder zwölf war, war das das Einzige, was mich interessierte ...«, blickte Dylan später auf seine Jugend zurück (vgl. Wikipedia: Bob Dylan). Nach Dylans Aussage inspirierte ihn Hank Williams auch dazu, als Jugendlicher selbst Songs zu schreiben (vgl. www.examiner. com, 18. September 2010).

Zudem hatte der junge Dylan mit Sicherheit im Kino die Filme der »Singing Cowboys« Gene Autry, Roy Rogers oder Tex Ritter gesehen, wobei Letzter sein Favorit war, dem er in einem Interview mit Bill Flanagan (vgl. www.bobdylan.com, »The Christmas In The Heart Conversation«) mehr Gewicht und Tiefgang attestierte als den beiden anderen.

Eine weitere wichtige Prägung muss auch das Stöbern in der umfangreichen Musiksammlung des Vaters seiner Jugendfreundin Echo Helstroem gewesen sein, die viel Country-Musik beinhaltete. Bob lernte viel über Hank Snow, Hank Williams, Jimmie Rodgers oder Bill Monroe.

Die Musik bevölkerte seine Träume und Dylan wollte raus aus der Trostlosigkeit des Alltags im Minnesota der 50er-Jahre. Er fühlte sich, wie viele Künstler, in eine falsche Welt hineingeboren, wie es seine frühere Freundin Suze Rotolo in ihrem Buch »A Freewheelin' Time« ausgedrückt hat oder wie er es selbst in einem Interview für die CBS-Sendung »60 Minutes« sagte: »Du wirst geboren mit dem falschen Namen, den falschen Eltern. Ich meine, so etwas passiert.«

Woody Guthrie

Als Dylan heranwächst, paart sich Mitte der 50er die Country-Musik im tiefen Süden der USA mit dem Rhythm & Blues der Schwarzen. Erst entsteht daraus der Rockabilly, dann der Rock 'n' Roll. Der junge Bobby Zimmerman sog diese Musik auf wie ein Schwamm – insbesondere Buddy Holly war sein Favorit – und wollte – so steht es im Schuljahrbuch geschrieben – Little Richard nachfolgen. Doch erst einmal folgte er einem anderen Idol nach: Woody Guthrie.

Bob Dylan lernt die Musik Woody Guthries an der Universität von St. Paul, Minnesota kennen. Ihn fasziniert das Leben von Guthrie, der während der Zeit der Depression in den 30er-Jahren als »politischer Hobo-Agitator« kreuz und quer durch die USA reiste und dabei die Land- und Industriearbeiter in ihren Interessenskämpfen mit Songs unterstützte. Guthrie nahm viele altbekannte Folk- oder Oldtime-Songs und dichtete diese für seine Zwecke um. Ein gutes Beispiel hierfür ist das Traditional »Wabash Cannonball«, das von der Carter Family aufgenommen wurde und Woody Guthrie als Grundlage seines »Grand Coulee Dam« diente. Diese Methode ist typisch für die amerikanische Folkmusik, schon Oldtime-Musiker Charlie Poole nutzte die Melodie für eine Ballade zur Ermordung des US-Präsidenten William McKinley, den »White House Blues« und in jüngster Zeit war es John Mellencamp, der 2004 aus dieser Quelle für seinen Song »To Washington« schöpfte, indem er offen den damaligen US-Präsidenten George W. Bush kritisierte.

Guthries Musik hatte also dieselben Wurzeln wie die der Carter Family oder die von Jimmie Rodgers - die Country-Musik und der politische Folk haben denselben Ursprung. Ein Umstand, der dem wissensdurstigen Bobby Zimmerman natürlich nicht entging. Zunächst einmal wollte er aber das Erbe von Woody Guthrie weiterführen und übernahm stilsicher dessen Vorgehen, traditionelle Songs und Melodien für eigene Zwecke zu nutzen – so auch für die Hommage an das große Idol: ein »Song To Woody« zur Melodie von Guthries »1913 Massacre«.

Im Greenwich Village der frühen 60er-Jahre lernte Dylan dann viel von seinen Sangeskollegen wie Dave van Ronk oder Ramblin' Jack Elliott. Letzterer führte u. a. die Tradition von Woody Guthrie und den Cowboy-Songs weiter, sicherlich auch ein wichtiger Einfluss für den jungen Bob, der in seiner Anfangszeit, wie wir von Suze Rotolo wissen, auch hin und wieder als »Sohn von Ramblin' Jack« bezeichnet wurde.

Doch Dylan gelang mehr als nur die Fortführung der Tradition von Woody Guthrie: Er wurde in den frühen 60ern zur Protestsängerikone und zum Heilsbringer der Gegenkultur. Ganz schön viel für einen, der eigentlich nur Sänger und Gitarrist werden wollte.

2.3 Kindred spirits: Bob Dylan und Johnny Cash

Das Album »Bob Dylan« erschien in den USA am 19. März 1962. Doch dem Erstling war kein Erfolg vergönnt. Als Interpret von Folk- und Blues-Standards war Dylan zwar schon erste Güte, doch seinen Durchbruch und die Herausbildung seiner künstlerischen Form hatte er noch nicht geschafft. Die Herren von Columbia, die ohnehin nur halbherzig Produzentenlegende John Hammonds neues Fohlen goutiert hatten, keilten nun nach den doch ziemlich bescheidenen Verkaufszahlen heftig aus. Doch da ereilte Dylan Hilfe von so nicht erwarteter Seite: von Johnny Cash.

Johnny war so viel »Country«, mehr ging nicht. Sein Vater war ein armer Baumwollpflanzer aus Arkansas, dessen Familie Nutznießer der rooseveltschen Sozialpolitik war: Sie bekamen ein kleines Stück Land und lebten mehr schlecht als recht davon. Für Johnny war Armut nichts Besonderes, genauso wie die tiefe Religiosität des Südens. Allerdings hatte er stets auch eine rebellische Seite sowie das Gefühl und das Verständnis für die gemeinsamen Wurzeln von Folk und Country. Daher trat er auch beim Newport Folk Festival auf und setzte sich nun für Bobby Dylan ein, als dessen Vertrag bei Columbia nicht verlängert werden sollte. Später nahm er ihn auch gegenüber der Folk-Szene in Schutz, als er ihn wegen seiner Abkehr vom tagespolitischen Protestsong verteidigte.

Dylan inspirierte Cash in den 60ern so sehr, dass von da an Topical Songs und gesellschaftskritische Balladen ebenso wie Dylan-Songs zu seinem Standardprogramm gehörten. Dylan-Songs wie »Wanted Man« und »It Ain't Me Babe« (im Duett mit seiner Frau June Carter-Cash) adaptierte Cash mit Erfolg, und mit dem Album »Bitter Tears« und der Ballade »Ira Hayes« setzte er sich für die Rechte der Indianer ein. Seinem Erfolg beim Country-Stammpublikum tat dies keinen Abbruch, den Nashville-Bossen wurde er jedoch immer suspekter.

Und als sich Dylan dann Ende der 60er selbst der Country-Musik zuwandte, da nahm ihn Cash schon ein wenig an die Hand. Legendär ist bis heute das Duett der Beiden in Cashs Fernsehshow, der *Johnny-Cash-Show*. Die Ikone der Protestkultur und der angebliche Barde des weißen Konservatismus zusammen beim Musizieren, das war ein klares politisches Statement. Trotz Vietnamkrieg, Gegenkultur, Demonstrationen und gewalttätiger Auseinandersetzungen hieß die Botschaft: Amerika ist großartig, hat Platz für viele Meinungen und darf nicht auseinanderbrechen. Dass Cash später sogar den von den Medien aus politischen Gründen gern unterschlagenen Pete Seeger in seine Sendung einlud, war ein weiteres deutliches Zeichen für seine Haltung.

Cash und Dylan trafen sich 1969 zu ausgedehnten gemeinsamen Studiosessions und spielten eine ganze Reihe von Songs ein. Nur einer, nämlich das Duett »Girl From The North Country«, kam auf »Nashville Skyline« unter. In den Folgejahren kreuzten sich zwar ihre Wege immer mal wieder, aber sie waren beide Monolithen und Solitäre in der musikalischen Landschaft, die auf ganz eigene und unterschiedliche Weise die amerikanische Musik und Kunst bereicherten. Eine stetige Zusammenarbeit kam nicht zustande, sicherlich auch, weil Dylan alles andere als ein umgänglicher, unkomplizierter Teamarbeiter ist.

Erst in den 90er Jahren gab es wieder direkte Kollaborationen der beiden: 1992 trat Johnny Cash gemeinsam mit seiner Frau June Carter beim großen Konzert zu Dylans 30-jährigem Plattenjubiläum auf. Sie interpretierten »It Ain't Me Babe« in denkwürdiger Art und Weise. Zudem sagte Johnny auch noch seine Tochter Rosanne an, die zusammen mit Mary Chapin-Carpenter und Shawn Colvin »You Ain't Goin' Nowhere« sang. Beim großen Tribute-Konzert für den bereits schwer kranken Cash im Jahr 1999 steuerte Dylan per Videoeinspielung – er war mal wieder auf Tour – Johnnys Song »Train Of Love« bei und bedankte sich für Cashs Unterstützung in den frühen 60er-Jahren.

Der Tod Johnny Cashs im Jahr 2003 ging Bob Dylan sehr nahe. In einem bewegenden, anrührenden Nachruf schrieb er: »Johnny war und ist der Polarstern, du konntest deinen Kurs nach ihm ausrichten« (vgl. Die Herausgeber des Rolling Stone, Cash, München 2005).

Johnny und Bobby

2.4 Welcome to Nashville: Bob Dylan, Bob Johnston und Earl Scruggs

Der Bob Dylan der Mittsechzigerjahre war ein hipper Jüngling mit langen Locken, engen Hosen, gepunkteten Hemden und Sonnenbrille. Seine Musik war urban und erreichte die Kids der Metropolen und Universitäten. Der Zufall wollte es so, dass sein langjähriger Produzent Tom Wilson – ein schwarzer Gentleman, der vom Jazz kam – sich zurückzog und die Wahl von Columbia auf Bob Johnston als dessen Nachfolger fiel. Dieser war von der Country- und Rockabilly-Musik geprägt, so schrieb beispielsweise seine Mutter einige Hits für Gene Autry. Johnston brachte Dylan erstmals mit der Country-Szene in Verbindung, als er das Album »Blonde On Blonde« produzierte, das in Nashville aufgenommen wurde. Den alteingesessenen Nashville-Musikern war der lockige Hipster Dylan schon reichlich fremd, aber die Verbindung funktionierte, und »Blonde On Blonde« wurde eines von Dylans erfolgreichsten Alben.

Doch Bob Johnston führte Dylan nicht nur in die Nashville-Country-Szene ein, sondern brachte dessen Liedgut auch Country-Künstlern nahe. Das legendäre Bluegrass-Duo Flatt und Scruggs nahm beispielsweise insgesamt 17 Dylan-Songs auf, die auf den beiden Alben »Nashville Airplane« und »Final Flying« veröffentlicht wurden.
Während Earl Scruggs die neuen Songs positiv aufnahm, da er ohnehin wegwollte vom traditionellen Bluegrass-Songmaterial, haderte Lester Flatt mit dem Dylan-Repertoire und hatte wohl tatsächlich Berührungsängste mit der angeblichen »Hippiemusik«. Letztlich führte dieser Zwiespalt zum Ende des erfolgreichen Duos, was verdeutlicht, dass damals durchaus noch ein Graben zwischen den Genres vorhanden war.

2.5 Back to roots music: die Basement Sessions mit The Band

1965/66 wurden die kanadisch-amerikanische Rockgruppe The Hawks oder auch Levon And The Hawks – Robbie Robertson, Levon Helm, Garth Hudson, Rick Danko und Richard Manuel - zu Dylans Begleitband. Durch die Zusammenarbeit mit diesen gewieften Musikern, die als Gebrauchs- und Begleitband des Rock 'n' Rollers Ronnie Hawkins jahrelang durch Kneipen und Pubs, Juke Joints und Honkytonks, Clubs und Spelunken gezogen waren, vertiefte er sein Musikverständnis. Als Dylan nach seinem Motorradunfall 1966 eine Zeit lang von der Bildfläche verschwand und nach seiner Genesung seine Rolle als Künstler neu definieren wollte, waren die Hawks da.

Mehr als hundert Songs nahmen Dylan und The Band vom Frühjahr bis zum Herbst 1967 im Keller von Bob Dylans Haus auf. Das große musikalische Talent, sein Gespür und sein Instinkt für die Musik bekamen nun einen musikalischen Kanon - und Country-Musik war ein wichtiger Teil davon. Gleichzeitig wurde erstmals die Verbindung von Country mit Rock vollzogen. Entstanden sind faszinierende Aufnahmen, die leider bis heute offiziell nur bruchstückhaft erschienen sind. Die ausgewählten Aufnahmen, die 1975 offiziell als »The Basement Tapes« erschienen, lassen nur erahnen, auf welch hohem Niveau musiziert wurde und welch musikhistorische Relevanz diese Sessions besaßen. Die Aufnahmen im Keller können mit Fug und Recht als »Geburtsstunde des Americana« bezeichnet werden - und eine ganz wichtige Säule des Americana ist Country. Und Bob Dylan wäre nicht Bob Dylan, wenn er nicht diese Musik nach seinem Gusto genutzt und weiterentwickelt hätte.

2.6 Going down the country: John Wesley Harding und Nashville Skyline

Mit seinen beiden nächsten Alben wandte sich Dylan dann ganz und gar der Country-Musik zu. War »John Wesley Harding« nach heutigen Maßstäben eher ein Alternative-Country- oder Country-Folk-Album, so war »Nashville Skyline« ganz vom Geist der Music City beseelt.

Dylan brach nach seiner unfallbedingten Auszeit zu neuen Ufern auf. Sowohl textlich als auch musikalisch tendierte er bei »John Wesley Harding« zu mehr Einfachheit. Seine Songs waren immer noch metaphorisch, aber längst nicht mehr so übervoll mit literarischen, politischen und historischen Zitaten, Vergleichen und Anspielungen. Zu sparsamer Begleitung singt er über »John Wesley Harding«, der den Reichen genommen und den Armen gegeben hat, arbeitet sich in »Dear Landlord« an seinem Manager Albert Grossman ab und greift das Gewerkschaftslied »Joe Hill« auf, das er zu »St. Augustine« abändert. Es ist ein ruhiges, in sich gekehrtes, oftmals dunkles Album, besitzt aber mit »I'll Be Your Baby Tonight« auch einen echten Ohrwurm, der eine gute Blaupause für einen Honkytonk-Schlager abgibt und einer der prototypischen Dylan-Country-Songs wird, vergleichbar nur mit »You Ain't Goin' Nowhere« aus den Basement-Sessions.

Ganz anders dagegen »Nashville Skyline«: Schon der erste Song ist programmatisch zu verstehen, »Girl from The North Country« im Duett mit dem damals erfolgreichsten und wichtigsten Country-Künstler, Johnny Cash. Und doch sind Dylans Lyrik und Themen immer noch ein Stück weit abseits des Nashville-Mainstreams. Anspruchsvolle Poesie mit deutlichen sexuellen Anspielungen, das gibt es in dieser Form Ende der 60er in der Country-Musik nicht. Das so gestrickte »Lay, Lady, Lay« wurde aber dennoch ein guter massenkompatibler Singlehit und bleibt bis heute eine der erfolgreichsten Aufnahmen Dylans überhaupt.

Mit diesen beiden Alben hatte sich Bob Dylan endgültig eine Country-Grundlage geschaffen, auf die er sich während seiner gesamten späteren Karriere immer wieder einmal stützen sollte. Für einige seiner Fans waren diese Alben aber wieder einmal ein Ausverkauf: Nach dem Bruch mit der Folk-Szene nun der Abschied von der Gegenkultur im Allgemeinen. Und dennoch, wieder sollte Dylan Recht behalten: Er war seiner Zeit voraus, denn Musiker und Gruppen wie Gram Parsons, die Byrds, die Flying Burrito Brothers oder die Nitty Gritty Dirt Band folgten seinem Beispiel: Der Country-Rock war geboren!

2.7 Dear Landlord: Familienvater und Westernheld

Das Country- und Westernthema sollte Dylan bis Anfang der 70er weiterhin beschäftigen. 1973 war er an der Seite von Country-Star Kris Kristofferson in Sam Peckinpahs Film »Pat Garrett jagt Billy the Kid« zu sehen. Die Rolle des »Alias«, der sich Billys Bande anschließt, war ihm wie auf den Leib geschneidert: wenig Text, dafür viel geheimnisvolle Mimik. Dazu komponierte er noch die Filmmusik und spielte diese auch ein. Regisseur Sam Peckinpah war der Sänger zwar nicht so ganz geheuer, aber der Leadsong »Knockin' On Heaven's Door« wurde einer der Meilensteine in Dylans Karriere. Der Titelsong »Billy«, auf der Platte in vier Versionen vorhanden, fristet dagegen bis heute ein Schattendasein.

Dem wilden Outlaw-Leben im Film stand die Rolle des treu sorgenden Familienvaters im richtigen Leben entgegen. Zu dieser Phase des rechtschaffenden Ernährers und Verteidigers der Familie passten seine Ausflüge ins Country-Genre wie die Faust auf Auge. Doch auch im späteren Verlauf seiner Karriere verlor Dylan nie die Beziehung zu dieser Musik.

Nashville-Bob

2.8 Bob Dylans world of western: Jack Of Hearts/ Romance In Durango/ Brownsville Girl

Für einen Künstler wie Dylan, der sich stets in der Tradition der fahrenden Sänger und Hobos verwurzelt sah, ist die Figur des Westernhelden, des Spielers und geheimnisvollen Gesetzlosen natürlich immer wieder ein Rollenmodell für seine Musik. Drei Songs sind hierfür beispielhaft.

Anfang 1975 veröffentlicht Dylan das Album »Blood On The Tracks«, auf dem er sich auf schonungslose, zart-bittere bis verstörende Art und Weise mit dem Scheitern seiner Ehe mit Sara Lowndes auseinandersetzt. Ein Song jedoch fällt hier etwas heraus: »Lily, Rosemarie And The Jack Of Hearts« ist im Grunde nichts anderes als ein Filmdrehbuch für einen Western, in dem es um einen Gesetzlosen, einen reichen Minenbesitzer und zwei Frauen geht. »Romance In Durango« (Album »Desire«/ 1975) wiederum könnte auch eine Episode aus dem Film »Billy the Kid« sein: Ein Pärchen flieht vor seinen Verfolgern durch das amerikanisch-mexikanische Grenzland. Er hat einen Mann – die Motive bleiben im Unklaren – erschossen, und ihre gemeinsame Liebe hat angesichts der stetig näher kommenden Häscher keine Zukunft. Der Song »Brownsville Girl« (»Knocked Out loaded«/1986) – entstanden in Zusammenarbeit mit dem Autor Sam Shepard – könnte ein Neowestern sein, spielt in der Jetztzeit in den Weiten von Texas und handelt von der Beziehung des Icherzählers zu zwei Frauen und einem gewissen Henry Porter sowie einem Verbrechen, dessen er beschuldigt wird.

Alle drei Songs würden eine gute Vorlage für einen Western bzw. ein Road Movie – die zwei amerikanischsten Filmgenres überhaupt – abgeben. Dylan bewegt sich hier wieder einmal ganz bewusst auf dem Feld der amerikanischen kulturellen Mythen und verdeutlicht erneut seine Nähe zur Kultur des Country und Western - allerdings hier immer zu seiner dunklen und nicht zur Hochglanzseite.

2.9 »A Satisfied Mind«: Country-Gospels und Bluegrass in Dylans Werk

Die Gospelsongs, die Dylan in seinen »Jesus-Jahren« 1979 bis 1981 zum Besten gab, entstammen eindeutig der schwarzen Gospeltradition, getränkt in viel dunklen Rhythm and Blues. Country-Gospels kamen da nicht vor, außer in einer einzigen faszinierenden Ausnahme: »Saved«, sein eindeutigstes religiöses Statement im Longplay-Format, beginnt mit dem Song »A Satisfied Mind«. Und Dylan gelingt hier etwas künstlerisch Großartiges: Er nimmt den Country-Gospel-Standard von Hayes und Rhode – ein großer Erfolg vor allem für Porter Wagoner – und überführt ihn in eine afroamerikanische Gospelform - ein A-capella-Gesang, der von Dylan und seinen Sängerinnen wie ein musikalisches Gebet intoniert wird, eine Ouvertüre – inhaltlich und musikalisch – zu dem nachfolgenden Song »Saved«. In »A Satisfied Mind« erklärt uns Dylan, dass er zufrieden und zuversichtlich ist, und »Saved« löst schließlich diese Spannung auf: Gott ist der Grund, Halleluja!

Den Country- und Bluegrass-Gospels wendet sich Dylan dann wieder Ende der 90er zu. In seinen Konzerten spielt er regelmäßig zu Beginn eine Reihe von akustischen Stükken, darunter alte Bluegrass- und Country-Nummern wie »Hummingbird«, »Rank Strangers To Me«, »Searching For

A Soldier's Grave« sowie Country-Gospels wie »White Dove«, »Halleluja (I'm Ready To Go)« und eben auch wieder »A Satisfied Mind«.

Bereits auf seiner ersten LP hatte Bob Dylan den Bluegrass-Song »Man Of Constant Sorrow« gecovert, der 1951 von den Stanley Brothers erstmals aufgenommen wurde. Im Laufe der Jahre war er so etwas wie eine Erkennungsmelodie der Bluegrass-Legenden Ralph und Carter Stanley geworden und blieb dies auch für Ralph Stanley nach Carters Tod 1966. Für Dylan ging 1998 ein lang gehegter Wunsch in Erfüllung, als er gemeinsam mit Ralph Stanley für dessen Album »Clinch Mountain Country« den Song »Lonesome River« aufnahm. »Das war das Highlight meines Lebens«, soll Dylan laut Medienberichten zufolge diese Aufnahme kommentiert haben (vgl. National Post, Kanada, 22. Juni, 2002).

Wieder einmal eignete sich Bob Dylan ausgiebig ein Genre an und war seiner Zeit um eine Nasenlänge voraus. Der Soundtrack zu »Oh Brother, Where Art Thou?« führte zu einem Bluegrass-Revival und im Frühjahr 2002 spielte Dylan dann sogar auf Konzerten »Man Of Constant Sorrow« im »Oh Brother«-Arrangement mit einer Rockinstrumentierung.

Bobby und Willie

2.10 My friends are outlaws: Willie Nelson und Merle Haggard

Dass Dylan, zeitlebens ein Mensch, der sich nie irgendwo für längere Zeit einordnen lassen wollte, stets Sympathien für die Outlaw-Bewegung hegte, liegt auf der Hand. Neben Cash baute er im Laufe der Jahre die stärkste Beziehung zu Willie Nelson und Merle Haggard auf.

Mit Willie Nelson verbindet Dylan spätestens seit den gemeinsamen Gründertagen des Farm-Aid-Konzertes eine Freundschaft. Dylan, dessen Auftritt 1985 beim Live Aid Concert zum Antiklimax des perfekt durchorganisierten Popevents wurde, zog dabei noch viel Kritik auf sich, als er in einer Zwischenansage darum bat, doch nur einige wenige Millionen der Einnahmen des Benefizevents an die Not leidenden Farmer des amerikanischen »Heartlands« zu überweisen.

Die Vorwürfe prallten umso mehr an ihm ab, als nur wenige Monate später Willie Nelson und John Mellencamp »Farm Aid« ins Leben riefen. Das rauschende Konzertereignis in Champaign/Illinois war nicht nur eine persönliche Befriedigung für Dylan, es war sogar ein Ausrufezeichen hinter seiner künstlerischen Leistungsfähigkeit nach dem Minuserlebnis beim Geldof-Festival. Erstmals spielte er zusammen mit Tom Petty & The Heartbreakers als seiner Begleitgruppe, und dies sollte der Beginn einer produktiven langjährigen künstlerischen Beziehung sein, die zu den besseren Dylan-Momenten der 80er-Jahre gehört.

Die Zusammenarbeit mit Willie Nelson gelangte Anfang der 90er zu ihrem Höhepunkt, als Nelson für sein Album »Across the Borderline« nicht nur Dylans »What Was It You

Wanted« coverte, sondern die beiden zudem gemeinsam den Song »Heartland« schrieben, der die Thematik, auf der Farm Aid fußte, noch einmal zusammenfasste, und diesen gemeinsam für Nelsons Album einspielten. Nelson trug »Wanted« darüber hinaus bei Dylans 30-Jahre-Recording-Artist-Feier im Oktober 1992 vor. Und Dylan revanchierte sich mit einem Auftritt bei einem TV-Special zu Nelsons 60. Geburtstag, das im Mai 1993 ausgestrahlt wurde. In den letzten Jahren ging er auch mehrmals mit Nelson auf Tour, u. a. auch stets gemeinsam mit John Mellencamp, so dass die Farm-Aid-Gründer und der Ideengeber wieder vereint waren.

Dylans Beziehung zu Merle Haggard verdient auch eine besondere Beschreibung. Haggard war ja ein talentierter, anerkannter Country-Sänger, der sich u. a. durch die Erinnerung an Werk und Bedeutung von Jimmie Rodgers hervorgetan hatte, ehe er mit seinem Anti-Hippie-Spottlied »I'm An Okie From Muskogee« polarisierte. Zwar ließ sich Freigeist Haggard von den ultrakonservativen Kreisen in den USA nicht instrumentalisieren, folgte aber dennoch einer Einladung Präsident Nixons ins Weiße Haus. Später hat sich Haggard dann in Interviews mit dem »Time Magazine« und dem »Rolling Stone« immer wieder kritisch mit Amerikas Konservativen, mit den Republikanern und den Fox News, auseinandergesetzt. Haggards Songwriter-Künste wurden ohnehin auch von politisch und kulturell weit von ihm entfernten Musikern wie Joan Baez oder den Grateful Dead stets anerkannt. Für Dylan war wahrscheinlich vor allem auch die Übereinstimmung bei der Verehrung von Jimmie Rodgers ausschlaggebend für eine Annäherung an Haggard. 2005 gingen sie gemeinsam auf Tournee. Zwar standen sie nie zusammen auf der Bühne, doch Dylan sang mehrmals in seinen Konzerten Haggards »Sing Me Back Home«. 2006 setzte er dann sogar Haggards »Workingman's Blues« ein

Denkmal, indem er für das Album »Modern Times« den Song »Workingman's Blues #2« aufnahm.

2.11 Father of Country Music: Jimmie Rodgers

Dylans Verehrung von Jimmie Rodgers begleitet seine Karriere von Anfang an. Schon früh spielte er bei seinen Auftritten Songs von Rodgers, und sein eigener Song »Only A Hobo« ist eindeutig vom Kontext des »Singin' Brakeman« inspiriert. 1985 hob er Rodgers in einem Interview als eine seiner wichtigsten Inspirationsquellen hervor und erinnerte an dessen Pionierleistung bei der Verbindung von Country-Musik und Blues. 1992 nahm Dylan in den sogenannten »Bromberg Sessions« Rodgers Heimwehlamento »Miss The Mississippi And You« auf, das allerdings erst 2008 auf »Tell Tale Signs« offiziell veröffentlicht wurde. 1997 dann dokumentierte Dylan seine Wertschätzung für Rodgers, indem er auf seinem eigenen Egypt-Label ein Tribute-Album für ihn produzierte, auf dem neben seinem eigenen Songbeitrag »Blue Eyed Jane« viele bekannte Kollegen mit Versionen von Preziosen des Urvaters der Country-Musik mit von der Partie waren. In seinen Liner Notes zum Album bezeichnet er Rodgers als »guiding light« und als »the voice in the wilderness of your head«.

In den Jahren 2003 und 2004 greift Dylan das Rodgers-Thema dann noch zweimal auf: Rund um eine Neufassung seines Blues-Gospels »Gonna Change My Way Of Thinking« baut er für eine Aufnahme zu dem Album »Gotta Serve Somebody - The Gospel Songs Of Bob Dylan« eine Rahmenhandlung mit seiner Duettpartnerin Mavis Staples ein, die der berühmten Radioaufnahme »Jimmie Rodgers Meets The Carter Family« nachempfunden ist. Und in seinen Chronicles erzählt er davon, dass er schon im Elternhaus seiner Jugendfreundin Echo Helstrom den Aufnahmen des »Blue Yodelers« gelauscht habe.

Jimmie Rodgers

2.12 Dylans großes Country-Rätsel: das Hank-Williams-Projekt

Wie oben bereits erwähnt, hatte Bob Dylan 1997 für Jimmie Rodgers ein einzigartiges Tribute-Album zusammengestellt. Seit Jahren geistert nun schon ein ähnliches Projekt zu Ehren von Hank Williams durch die Dylan-Welt. Im Jahr 2004 hat Bob Dylan von Vertretern des Hank-Williams-Nachlasses die sogenannten »Shoebox-Lyrics« erhalten mit der Erlaubnis und der Bitte, diese Texte zu vertonen. Dylan machte sich an die Arbeit und lud Kollegen ein, die Songs aufzunehmen.

In den folgenden Jahren dringen immer wieder Hinweise an die Außenwelt auf Plattenaufnahmen von Musikerkollegen, die Dylan für dieses Projekt gewinnen konnte. So sollen u. a. Alan Jackson, Lucinda Williams, Norah Jones, Willie Nelson, Jack White, Vince Gill, Rodney Crowell und Sheryl Crow Aufnahmen beigesteuert haben. Lucinda Williams und Norah Jones haben mittlerweile ihre Beiträge »I'm Happy I Found You« und »How Many Times Have You Broken My Heart?« auch schon in Konzerten öffentlich vorgetragen, und im vergangenen Jahr äußerte sich Jack White dahin gehend, dass er nicht wisse, was aus dem Projekt geworden sei, und hoffe, dass das Album doch noch irgendwann erscheine. Die Dylan-Welt blickt also gespannt auf das, was sich aus dieser Geschichte noch entwickeln wird, und hofft, dass die Aufnahmen überhaupt mal das Licht der Welt erblicken werden. Es wäre das i-Tüpfelchen auf einer künstlerischen Verbindung, die stets so gegenwärtig wie unterschätzt war – Bob Dylans Wurzeln in der Country-Musik.

2.13 Einschub: Bob Dylan sings Country: eine »Wunsch-CD«

CD 1: »Dylans Classic Country«
1. John Wesley Harding
2. I'll Be Your Baby Tonight
3. Nashville Skyline Rag
4. Girl From The North Country (feat. Johnny Cash)
5. Lay, Lady, Lay
6. If Not For You
7. Billy
8. You Ain't Goin Nowhere
9. I Shall Be Realeased
10. Forever Young
11. Lily, Rosemarie And The Jack Of Hearts
12. Romance In Durango
13. Will The Circle Be Unbroken
    (feat. The Rolling Thunder Review)

CD 2: »Newer Adventures In Country Music«
1. Satisfied Mind (1980)
2. Brownsville Girl
3. Silvio
4. Rank Strangers To Me
5. Man In The Long Black Coat
6. Shooting Star
7. Hard Times (Willies 60th Birthday)
8. Lone Pilgrim
9. Tryin' To Get To Heaven
10. Roving Gambler (Live 1997)
11. To Make You Feel My Love (Live 2000)
12. Somebody Touched Me (2000)
13. Mississippi (2001)
14. Workingman's Blues #2
15. Red River Shore

Bonus CD: »Legacy Of Country«
1. Miss The Mississippi (Jimmie Rodgers)
2. Pancho & Lefty
   (Townes Van Zandt/ feat. Willie Nelson)
3. Heartland (feat. Willie Nelson)
4. Blue Eyed Jane (Jimmie Rodgers)
5. Train Of Love (Johnny Cash)
6. The Lonesome River (feat. Ralph Stanley)
7. You Win Again (Hank Williams/ feat. Willie Nelson)
8. I Can't Get You Out Of My Mind (Hank Williams)

Teil 3: Bob Dylan und das Vermächtnis des Americana

3.1 Was ist eigentlich Americana?

Unter Americana versteht man die Musikformen, die ihre Ursprünge in der Volksmusik der arbeitenden Menschen der Vereinigten Staaten haben, also Folk, Blues, Country, Rock 'n' Roll. Das Gegenstück des urbanen Bürgertums ist das Great American Songbook, also Tin Pan Alley, Swing, Jazz, Pop (bevor der Rock 'n' Roll aufkam).
Nach dem Relevanzverlust des klassischen Mainstream-Rock Anfang der 90er durch die Entwicklung von Grunge, Indie und Neopunk wurde dieser in Richtung Mainstream-Country gezogen. Künstler wie Keith Urban oder Kevin Costner spielen heute solche Musik. Der andere Teil des Nashville-Mainstreams besteht aus Country-Schlagern. Künstler dieses Genres sind Martina McBride, Brad Paisley oder Trace Adkins.
Countryaffine Singer-Songwriter, progressive Bluegrass-Musiker, vom Indie-Rock beeinflusste Country-Rocker sowie Künstler, die eine ausgewogene Melange aus Folk, Blues, Country und Rock 'n' Roll spielen, werden dagegen seit den 90er-Jahren als Musiker der Sparte Americana/Roots-Rock/Alternative Country eingeordnet. Gilian Welch, Alison Krauss, Buddy Miller oder Steve Earle gehören ebenso dazu wie die eigentlich früher als Country-Ikone gehandelte Emmylou Harris, das »Walkin' In Memphis«-One-Hit-Wonder Marc Cohn oder die Band-Legende Levon Helm.

3.2 Bob Dylan als »Vater des Americana«

Am 13. Februar 2011 hatte Bob Dylan im Rahmen der Grammy-Verleihung einen Auftritt, der einem wie unter einem Brennglas die Verbindung und Bedeutung Dylans für die Musik des Americana vor Augen führt.

Als Dylan an diesem Abend in Los Angeles sein »Maggies Farm« singt, schwingen alle Facetten des Americana und ein bisschen auch das Great American Songbook mit. Die Bühnenszenerie – ein Halbkreis mit Banjos, Gitarren, Mandolinen und Stehbass – könnte sowohl ein Folk-Hootenanny als auch einen Barn Dance widerspiegeln. »Maggies Farm« war der Song, der als Dylans erster elektrischer Rock 'n' Roller die Folkwelt in Newport verstörte. Inhaltlich schwingt darin sowohl das jugendliche Rebellentum als auch die Plantagenarbeit der Schwarzen – »sing while you slave!« - und die harte Arbeit der ländlichen Amerikaner mit. Die Art des Vortrags war Country-Folk, aber vom Tempo und von der Härte des Anschlags der Saiteninstrumente her nicht ohne die Weiterentwicklung des Rock 'n' Roll denkbar. Und dazu gibt dann Dylan eben nicht den Obergitarristen – was seiner vielfachen öffentlichen Wahrnehmung entsprochen hätte –, sondern den Crooner aus dem Great American Songbook.

Bob Dylan ist mit Fug und Recht als einer der »Väter des Americana« zu bezeichnen, denn die Initialzündung für das, was heute landläufig darunter oder auch unter Alternative Country verstanden wird, stellen die »Basement Tapes« dar. Dylan & The Band ritten von Frühjahr bis Herbst 1967 im Parforce durch mehr als 100 Songs aus Country, Folk, Gospel und Rock 'n' Roll. In der Folge bewegte sich Dylan vom urbanen Avantgarderock seiner Mittsechzigerwerke hin zu Country-Folk (»John Wesley Harding«) und Nashville-Country (»Nashville Skyline«). Nach Folk, Rock 'n' Roll und

Country eignete sich Dylan dann in seiner »Born Again«-Phase Ende der 70er/Anfang der 80er auch den Gospel als letzte Säule des Americana an.

Dylan war der erste und bis heute bedeutendste Musiker, der wirklich allumfassend die amerikanische Populärmusik zu seinem Medium machte, Grenzen überwand und Fesseln sprengte. In diesem Licht betrachtet, ist beispielsweise auch eine damals bei ihrem Erscheinen zerrissene Platte wie »Self-Portrait« als nichts anderes als eine Selbstverständigung über die persönlichen und kollektiven musikalischen Wurzeln zu verstehen.

Bis heute geht Dylan diesen Weg weiter. Wer seine Radiosendung »Theme Time Radio Hour« kennt, weiß, wie breit gefächert sein Programm aufgestellt ist, in dem jede Sparte der populären amerikanischen Musik abgedeckt wird, also neben dem klassischen Americana auch die Musik des Great American Songbook, der urbanen Popmusik, der Tin-Pan-Alley-Schlager, des Classic Pop, Swing und Jazz.

Dylans musikalische Entwicklung und seine heutigen Werke und Auftritte zeugen von einer tiefen Durchdringung des Geistes und des Vermächtnisses des Americana. Versuchen wir im Folgenden daher diesen Geist und das Vermächtnis ausfindig zu machen und festzustellen, was Bob Dylan damit zu tun hat.

Bob Dylan heute

3.3 Das Vermächtnis des Americana

3.3.1 Gesellschaftliche und politische Verortungen von Country und Americana

Wie oben bereits beschrieben, fußt die Americana-Musik auf den Ursprüngen der Volksmusik der arbeitenden Menschen der Vereinigten Staaten. Möchte man romantisch sein, so könnte man zwischen Americana und Country eine Trennlinie ziehen, wie sie hierzulande zwischen ehrlicher Volksmusik und kommerzieller volkstümlicher Musik gezogen wird. Doch das träfe die amerikanischen Verhältnisse nicht ganz, denn schließlich möchte jeder Americana-Künstler auch gern kommerziellen Erfolg haben. Zudem haben auch die Record Companies und die Radiosender in Nashville längst ihre Alternative-Country-Ableger. Ein Unterschied in den politischen Inhalten der Songs, in den Haltungen der Künstler und in den Musikszenen ist allerdings schon auszumachen. Nimmt man die beiden herkömmlichen amerikanischen politischen Lager, so könnte man die Szene des Mainstream-Nashville-Country als mehrheitlich republikanisch bezeichnen, und die des Americana/Alternative-Country eher dem liberalen Lager zuordnen. Das heißt, dass auch innerhalb der amerikanischen Populärmusik eine Spaltung vorherrscht. So sind die Patriotismus- und »Support our troops«-Hymnen von Toby Keith oder Brad Paisley meilenweit entfernt von den kritischen Tönen und quälenden Fragen zu Krieg und Armut, die Alternative-Country-Künstler wie Hayes Carll oder Ryan Bingham in ihren Songs stellen - von den dezidiert tagespolitischen Statements eines Steve Earle ganz zu schweigen.

In seinem wichtigen Buch »Rednecks and Bluenecks. The Politics Of Country Music« stellt der Autor Chris Willman dar, wie die Country-Musikszene und ihr Publikum seit den 60er-Jahren von den Demokraten zu den Republikanern gewandert sind. Waren die klassischen Demokraten die Partei der Gewerkschaften, des New Deal und des armen Südens und die Republikaner die Partei des Big Business und des reichen Nordens, so hat sich dies durch die gesellschaftlichen Strukturveränderungen seit den 60er-Jahren gehörig gewandelt. Die Demokraten integrierten die Bürgerrechtsbewegung und das neue linksliberale Bürgertum in ihre Partei und damit auch in die Gesellschaft, konnten so jedoch nicht mehr gleichermaßen die sogenannten kleinen Leute, insbesondere im Süden, an sich binden. Ronald Reagan gelang genau dies aber für die Republikaner, die sogenannten »Reagan-Demokraten« waren geboren (vgl. Wikipedia: Republikanische Partei): vom sozialen Milieu her traditionelle, konservative Demokraten, die fortan aber republikanisch wählten. Die Thinktanks der konservativen Republikaner hatten in den 70er-Jahren erfolgreich die neokonservative Ideologie entwickelt, um in diese Lücke stoßen zu können. Sie machten den Demokraten die Wählerschichten abspenstig, die den Eindruck hatten, ihre Partei kümmere sich zunehmend nur noch um die Minderheiten. Die Entwicklung führte zu einer politischen Hegemonie der Republikaner im Süden, die das Gleichgewicht der politischen Kräfte in den USA nachhaltig zuungunsten der Demokraten veränderte.

Auf diese Weise gelang es wieder einmal, die wirklichen Interessenunterschiede einer entwickelten Gesellschaft zu verschleiern. Der Neokonservatismus und der ihm folgende Ultrakonservatismus aktueller Prägung entsolidarisierten die Menschen, indem ihnen eingeredet wurde, die einfachen Amerikaner hätten die gleichen Chancen und Interessen wie die großen Konzerne, und der Staat und der Einfluss der

Liberalen müsse zugunsten des Einzelnen und seines Gottesglaubens zurückgedrängt werden. Republikaner und Demokraten stehen sich heute so unversöhnlich gegenüber wie seit dem amerikanischen Bürgerkrieg nicht mehr, vielleicht sogar wie noch nie (vgl. »The American Way of Scheitern«, DIE ZEIT, 11. 11. 2010, Nr. 46). Die neokonservative Ideologie hat im Laufe der Jahrzehnte zu der heute vorherrschenden tiefen Spaltung und Zerrissenheit der amerikanischen Gesellschaft geführt.

Diese Entwicklung hat auch die Musikszene nicht unberührt gelassen. Zwar haben einige Künstler stets den Spagat zwischen beiden Lagern geschafft, so wie Johnny Cash oder Merle Haggard über Jahrzehnte Anhänger aus beiden Lagern an sich gebunden haben (vgl. »Rednecks und Bluenecks«), inwieweit dies für aktuelle Künstler angesichts dieser tiefen politischen Zerrissenheit Amerikas in Zukunft noch möglich sein wird scheint fraglich. Man erinnere sich in diesem Zusammenhang nur an die Dixie Chicks, die seit ihrer öffentlichen Kritik an George W. Bush einen Karriereknick zu verzeichnen haben. Und dass das Publikum der Grand Ole Opry sicherlich nicht mehrheitlich für Obama gestimmt haben dürfte, davon konnte ich mich bei der Videogrußadresse des US-Präsidenten anlässlich der Wiedereröffnungsshow im vergangenen Herbst überzeugen: Die Reaktionen schwankten zwischen frostig und verärgert.

Americana scheint dagegen eher eine Bastion der heutigen Demokraten zu sein, weil diese Musik oftmals auch für amerikanische Verhältnisse als sehr intellektuell und reflektiert daherkommt, und sicher auch, weil hier die schwarzen Einflüsse auf die amerikanische Volksmusik hervorgehoben werden. Charly Pride ist bis heute der einzige Schwarze, der Mitglied der Grand Ole Opry ist, und bei der Wiedereröffnungsshow waren in der Grand Ole Opry gerade mal vier Farbige zu sehen: drei im Publikum und Präsident Obama per Videoeinspielung.

Willman hat allerdings auch recht, wenn er schreibt, dass die Demokraten viel zu selten versuchen, den Schulterschluss mit der Country-Szene voranzutreiben. Zwar gab es vor der Wahl von Obama in der Endzeit der Bush-Administration eine Gruppe, die sich »Music Row Democrats« nannte (Music Row ist das Herz der Musikszene in Nashville) und der Künstler wie Tim O'Brien, Rodney Crowell, Emmylou Harris oder Nancy Griffith angehörten – übrigens allesamt wichtige Vertreter des Americana, aber eben auch Mainstream-Country-Stars wie Faith Hill oder Dierks Bentley (vgl. www.about.com: Call It Americana von Kathy Coleman). Dies blieb jedoch nur ein Strohfeuer, denn die übermächtige PR-Maschinerie der Republikaner und der Tea-Party im Süden sowie die Ernüchterung über die Obama-Administration auch unter den Künstlern haben solche Initiativen scheinbar wieder in den Hintergrund treten lassen.

Zudem müsste ein solcher Schulterschluss zwischen den Demokraten und der Musikszene von Nashville eben auch unabhängig von Wahlen Stetigkeit haben. Obwohl Bluegrass-Legende, Grand-Ole-Opry-Mitglied und Demokrat Dr. Ralph Stanley Barack Obama im Wahlkampf unterstützte, hat der Präsident die Grand Ole Opry bis heute noch nicht persönlich besucht - auch ein Ausdruck dafür, dass die Demokraten ihr Dilemma immer noch nicht verstanden haben.

3.3.2 Die Traditionslinie des Americana

Americana-Künstler unterscheiden sich von Country-Künstlern dadurch, dass sie locker verschiedenste Genreeinflüsse in ihrer Musik verschmelzen. Da wimmert hier die Steal-Guitar, dort ertönt der Gospelchor und wieder an anderer Stelle geben die Gitarren das Bluesschema vor. Das kann dann alles innerhalb eines Liedes verschmolzen oder auf einem Album eklektisch zusammengefügt werden.

Americana versucht, die traditionelle amerikanische Musik zu erhalten und weiterzuentwickeln. Die Antipoden hierzu sind die Zentralen der Mainstream-Kommerzmusik, sei es die in Nashville oder andernorts, in denen clever Zielgruppen definiert und Musik konfektioniert wird. Einige Aktive des Americana sind nostalgisch, wie die Old Crow Medicine Show, andere politisch, wie Steve Earle, andere einfach Instinktkünstler, so wie Justin Townes Earle, Sohn von Steve, der sich in Interviews politische Statements verbietet, aber künstlerisch derzeit einen der wichtigsten und besten Beiträge zur Musik des Americana leistet.

Die Musikstile, die im Americana erhalten und weiterentwickelt werden, entstanden zwischen Ende der 20er- und Mitte der 50er-Jahre des vorigen Jahrhunderts, zu der Zeit also, als die Politik des rooseveltschen New Deal der Demokraten das Bewusstsein für die Belange der »kleinen Leute« schärfte, - dementsprechend auch für ihre Musik. Sowohl als Musiker als auch als Konsumenten war die ländliche Bevölkerung des Südens – ob schwarz oder weiß – plötzlich interessant, und das sowohl für Plattenfirmen und Radiostationen als auch für linke Wissenschaftler. Sie alle schwärmten mit ihrem Equipment in den Süden aus. In Bristol, Tennessee gelang dem RCA-Produzenten Ralph Peer 1927 mit einer Audition der »Big Bang« der Country-Musik, denn hier wurden Jimmie Rodgers und die Carter Family entdeckt. Ein paar Jahre später war es Alan Lomax, der mit seinen Field Recordings im Süden die rurale Volksmusik aufnahm, und wieder ein paar Jahre darauf stellte der New Yorker Intellektuelle Harry Smith aus vielen Aufnahmen die »Anthologie of American Folk Music« zusammen.

Die Trennung zwischen Schwarz und Weiß wurde im Süden der USA repressiv aufrechterhalten. Es gab schwarze und

weiße Musiker, die miteinander spielten und sich gegenseitig beeinflussten, doch gemischte Bands waren eine große Ausnahme, und auch gemischte Tanzgesellschaften gab es nicht. So wurden von Plattenfirmen und Radiostationen die Musikstile fein säuberlich aufgeteilt: hier »Country & Western«, dort »Race Records«. Dabei ist die Country-Musik ohne die schwarzen Einflüsse auf Melodie und Rhythmus praktisch nicht denkbar. Jimmie Rodgers, der »Vater der Country-Musik«, machte hier den Anfang, später vermischten sich die Country-Musik und der Rythm & Blues erst zu Rockabilly, dann zu Rock 'n' Roll. Zwar war der Schwarze Chuck Berry einer der »Erfinder« und bekanntesten Protagonisten des Rock 'n' Roll, doch um die neue Musikrichtung für die Plattenfirmen einträglich zu machen, bedurfte es eines weißen charismatischen Sängers. Sam Phillips fand diesen 1956 mit Elvis Presley. Der Rock 'n' Roll herrschte jedoch nur wenige Jahre, bis zunächst das Folk-Revival, dann die Beatles und schließlich die britische Blues-Invasion ihn wegspülten.
1967 war dann das Geburtsjahr des »Americana«, als zeitgleich mit dem »Summer Of Love« der bürgerlichen Hippiebewegung, die musikalisch in Richtung Psychedelic-Rock tendierte, Bob Dylan und The Band im Keller die Songs der einfachen amerikanischen Leute sangen: Folk, Blues, Country, Gospel, Rock 'n' Roll. Bob Dylan, Gram Parsons, die Byrds oder die Nitty Gritty Dirt Band waren die Ersten, die infolgedessen Country und Rock zusammenbrachten, in den 70ern und 80ern hatte der Country-Rock dann mit den Eagles als softeste, Lynyrd Skynyrd als härteste und Alabama als die Band, die dem Country am nächsten war, seine Vorzeigeacts. Punk, New Wave, Indie waren ab den 80ern die Resultate der Suche nach neuen musikalischen Ausdrucksformen, nachdem der Classic-Rock am Ende war und der Mainstream-Rock immer glatter wurde. Und wie schon die Rockmusiker der späten 60er-Jahre kamen auch die Independent-Rocker

an den Roots nicht vorbei. Als stilbildend und damit quasi als Geburt des Americana/Alternative Country als fest definiertes Genre wird im Allgemeinen die Platte »No Depression« der Band Uncle Tupelo (aus denen sich später Wilco entwickeln sollten) aus dem Jahr 1990 angesehen. »No Depression« ist ein Song der Carter Family, der hier nicht nur zitiert, sondern neu eingespielt wurde. Es begann eine erstaunliche Verbindung. In der Folgezeit entstand eine gleichnamige Zeitschrift, das Publikumsinteresse stieg, und Gruppen wie die Walkabouts mit dem Album »Satisfied Mind« von 1993 oder 16 Horsepower beackerten das Feld in ähnlicher Weise. Die ganz große Bühne für die Roots Music gab es zu der Zeit aber noch nicht, auch Bob Dylan erntete mit seiner zwei Alben lang andauernden Rückbesinnung auf die Wurzeln des Folk, Country und Blues 1992 und 93 gerade mal freundlichen Respekt.

Eines der ersten Beispiele für einen größeren Publikums- und Kritikererfolg war dann 1998 Lucinda Williams' Album »Car Wheels On The Gravel Road«, das für Americana mit einer Dichte und Tiefe, einer spielerischen Leichtigkeit und Selbstverständlichkeit steht, die in dieser Qualität bis heute selten wieder erreicht werden sollten.

Das ganz große kommerzielle Ausrufezeichen für die Americana/Alternative Country/Roots Music setzte dann im Jahr 2001 der Soundtrack zum Coen-Brüder-Film »Oh Brother, Where Art Thou?«, der ein sensationeller Verkaufserfolg wurde. Junge Künstler wie Gilian Welch oder Alison Krauss erfuhren hier große Aufmerksamkeit, aber auch alte Haudegen wie Ralph Stanley kamen zu neuen Ehren. Insbesondere Bluegrass erlebte ein Revival durch den Song »Man Of Constant Sorrow«, der in Film und Soundtrack zum Leadsong wird.

Bereits 1999 hatte sich die Americana Music Association (AMA) gegründet, um das Genre institutionell, kommerziell und künstlerisch abzusichern und zu vermarkten. Und seit 2002 werden jährlich die Americana Music Association Awards vergeben. Wichtige Künstler für das institutionalisierte Americana-Genre und AMA-Preisträger sind heute Buddy Miller, Lucinda Williams, Jim Lauderdale oder Emmylou Harris.

3.3.3 Americana - und wie weiter?

Neben diesen Größen haben sich Künstler und Gruppen wie Wilco, Ryan Bingham oder Hayes Carll zu festen Größen bzw. Nachwuchshoffnungen der Szene etabliert. In jüngster Zeit arbeitete sich auch Jack White an der Americana-Tradition ab, in dem er Country- und Rockabilly-Legenden wie Loretta Lynn oder Wanda Jackson zu erfolgreichen Comebacks verhalf.

Americana hat sich heute in Nashville neben der Country-Musik etabliert, wobei es natürlich immer wieder Überschneidungen und Schnittmengen gibt. Americana-Künstler treten zudem auch immer wieder in der Grand Ole Opry auf. Dennoch ist Americana das Genre für bewusstere Hörer, wenn es nicht allzu leichtfertig versucht, nur Tradition zu erhalten oder Kunstmusik zu schaffen. So hat man bei manchem Werk doch den Eindruck, dass es dabei allzu »sophisticated« zugehe: Alles klingt klinisch rein und nennt sich am Ende dann Weltmusik. Demgegenüber stehen mit Ryan Bingham oder Hayes Carll Künstler, deren Musik noch richtig handgemacht wirkt und die sich auch nicht nur in Innerlichkeit ergehen, sondern Statements zum Weltgeschehen beizutragen haben. Und das geht auch ohne tagespolitische Bezüge wie Justin Townes Earle beweist.

Und da schließt sich nun wieder der Kreis zum Vater des Americana. Ohne Bob Dylans Werk, der sich der Tagespolitik verweigert hat, um grundsätzlicher die Grenzen und

Möglichkeiten des Individums in der heutigen Gesellschaft auszuloten, ohne seine Musik, die stets genreübergreifend amerikanische Populärmusik war, wäre Americana heute so nicht denkbar.

Inmitten einer amerikanischen Gesellschaft, der seit Ronald Reagan systematisch die Erinnerungen an und die Erfahrungen mit den Werten des New Deal und des sozial verantwortlichen Staates ausgetrieben wurden (auch unter den Demokraten Clinton und Obama) und daher der innere Zusammenhalt (der äußere lässt sich im »Krieg gegen den Terror« erzeugen) bei gleichzeitigem wirtschaftlichem und staatlichem Niedergang so nicht mehr gegeben ist, halten die Musik des Americana und das Werk des Musikhistorikers und Musikarchäologen Bob Dylan die Flamme der Erinnerung an wirkliche Empathie und an kollektive Erfahrungen am Flackern.

Das ist das Vermächtnis des Americana: die Flaschenpost, deren Nachricht besagt, dass die Glücksversprechen der amerikanischen Verfassung und der tradierten amerikanischen Populärkultur sowie die Empathie für die Nöte der Menschen und der Zusammenhalt der Gesellschaft allesamt höher zu bewerten sind als die Freiheit und Macht der Konzerne, das Recht auf Steuersenkungen und die uneingeschränkte Waffenfreiheit.

Anhang

1. Literaturliste

Die Bücher und Medien, mit denen ich mich während der Entstehung meines Buches beschäftigt habe:

Teil 1

- Greil Marcus, Invisible Republic, Bob Dylan's Basement Tapes, New York & London 1997
- Heinrich Detering, Bob Dylan, Stuttgart 2007
- Sean Wilentz, Bob Dylan in America, London 2010
- Honneth/Kemper/Klein, Bob Dylan. Ein Kongress, Frankfurt am Main 2007

Teil 2

- Colin Escott, Hank Williams. Das Leben einer Country-Legende, St. Andrä-Wörden 1996
- Suze Rotolo, Als sich die Zeiten zu ändern begannen, Berlin 2010
- Peter Dogget, Are You Ready For The Country. Elvis, Dylan, Parsons And The Roots Of Country Rock, London 2001
- Wikipedia: Country-Musik

- Elijah Wald, Escaping The Delta. Robert Johnson And The Invention Of The Blues, New York 2005
- Wikipedia: Bob Dylan (deutsch und englisch)
- Bob Dylan, Chronicles Volume One, Hamburg 2004
- Die Herausgeber des Rolling Stone, Cash, München 2005
- Colin Irwin, Bob Dylan – Highway 61 Revisited, Hamburg 2010
- www.boblinks.com

Teil 3

- Chris Willman, Rednecks And Bluenecks. The Politics Of Country Music, New York 2005
- Amanda Petrusich, It Still Moves. Lost Songs, Lost Highways And The Search For The Next American Music, New York 2008
- Wikipedia: Alternative Country (deutsch)
- Wikipedia: Americana (music) (englisch)
- Wikipedia: Republikanische Partei
- DIE ZEIT, 11. 11. 2010, Nr. 46
- www.americanamusic.org

2. Musikliste

Platten und Songs, die ich während der Arbeit zu diesem Buch gehört habe:

- Bob Dylan, »John Wesley Harding«
- Bob Dylan, »Nashville Skyline«
- Bob Dylan, »Pat Garrett & Billy The Kid«, Soundtrack
- Bob Dylan & The Band, »The Basement Tapes«
- Bob Dylan, »Lily, Rosemarie & The Jack Of Hearts«
- Bob Dylan, »Romance in Durango«
- Bob Dylan, »Saved«
- Bob Dylan, »Brownsville Girl«
- Bob Dylan, »Good As I Been To You«
- Bob Dylan »World Gone Wrong«
- Bob Dylan & Ralph Stanley, »Lonesome River«
- Bob Dylan, »Love And Theft«
- Bob Dylan, »Modern Times«
- Bob Dylan, »Together Through Life«
- Bob Dylan, »Christmas At The Heart«
- The Carter Family, »Anchored In Love, The Victor Sessions 1927/28«
- The Carter Family, »My Clinch Mountain Home", The Victor Sessions 1927/28«
- The Carter Family, »The Decca Sessions Volume One (1936)«
- The Carter Family, »On Border Radio 1939, Vol I-III«
- Jimmie Rodgers, »Recordings 1927-33«
- Uncle Tupelo, »No Depression«
- Lucinda Williams, »Car Wheels On The Gravel Road«
- Pete Seeger & Johnny Cash, »Worried Man Blues«
- Earl & Scruggs, »Like A Rolling Stone«
- Merle Haggard, »Workingman's Blues«

- Merle Haggard, »Same Train, A Different Time: Songs Of Jimmie Rodgers«
- Johnny Cash, »Bootleg Vol. 2: From Memphis To Hollywood«
- Justin Townes Earle, »Harlem River Blues«
- Diverse, »Dylan Country«
- Porter Wagoner, »A Satisfied Mind«